BILDERBIBEL

BILDERBIBEL

PATMOS-VERLAG DÜSSELDORF

Der Text wurde ausgewählt und übersetzt von W. Hillmann OFM
unter Mitarbeit von Josef Quadflieg
Die Bilder wurden gemalt von Johannes Grüger

Imprimatur. Coloniae, die 15. 9. a. 1958
Jr. Nr. 21 209 I/58. Teusch. vic. glis.

EINE BILDERBIBEL

ist nicht ein Bilderbuch wie viele andere, noch mit anderen vergleichbar. Das Märchenbuch, der Struwwelpeter und ähnliche gereimte und ungereimte Bilderbücher sind deswegen Lieblingsbücher unserer Kinder, weil sie durch Wort und Bild mühelos verstanden werden. Von Vater und Mutter hören die Kinder zuerst den vorgelesenen Text, lernen ihn mit und sehen dazu Bilder, bunte, vielgestaltige Bilder, die das Geschehen greifbar und lebendig machen. Kinder können Bilder „lesen", wie es früher die Menschen mit ihren Bilderschriften taten.

Im Mittelalter gab es für das heilige Wort Gottes ganz besonders schöne und kostbare Bücher mit einer großen Zahl von Bildern. Man nannte sie die „Biblia pauperum" oder Armenbibel. In ähnlicher Absicht entstanden auch inner- und außerhalb der mittelalterlichen Kirchengebäude Bilder aus der Heilsgeschichte. Die wichtigsten Ereignisse von der Erschaffung der Welt bis zum Jüngsten Gericht fanden die Christen an den Wänden oder Fenstern, an den Säulen oder über den Portalen bildlich dargestellt. Was sie in der Predigt gehört hatten, erkannten sie im Bilde wieder. So wurde jedermann die Heilige Schrift vertraut, obwohl die wenigsten Menschen lesen oder schreiben konnten.

Diese Bilderbibel will etwas ganz Ähnliches für die Kinder unserer Zeit. Farbe, Formen, Ausdruck, Größe und Bewegung hat der Maler dieser Bilder immer im besonderen Sinne zum Schriftwort gewählt: Im Paradiesesbild hält der Löwe das Lamm friedlich umschlungen, weil hier das schwache Tier den wilden Löwen nicht zu fürchten braucht; die Engel sind mächtige Boten Gottes, sie haben kein zierliches Lockenköpfchen und tragen keine rosa Gewänder (Opfer Abraham). Im Alten Testament gibt es viele dunkelviolette Töne, die im Neuen Bund in die Farben der Freude umgewandelt werden. Die Jünger um Christus sind bisweilen klein, weil ihr Glaube klein ist gegenüber dem großen Gott (Thomas).

Wer mit Kindern diese Bilderbibel liest, wird bald das und vieles mehr erklären und ergänzen können, was den Kleinen bei den Worten der Heiligen Schrift vorerst noch unverständlich bleibt. Am besten gibt die Mutter diese Fingerzeige vorher oder nachher, damit während des Lesens das Wort Gottes nicht unterbrochen wird.

Selbst wenn da oder dort Worte oder Sätze zu schwer erscheinen und zunächst noch nicht begriffen werden, wird der Text sich mit der Zeit immer tiefer in das Herz des Kindes einsenken. Zudem ist die Auswahl so getroffen, daß die schwierigsten Stellen der Bibel ausgelassen sind. Herausgelassen ist alles, was sich im Hinblick auf die wesentlichen Wendepunkte der Heilsgeschichte und für ihre Ordnung auf Jesus Christus hin missen ließ. Alle Ereignisse, Worte und Taten sind auf ihre Bedeutsamkeit hin ausgewählt und aufgeschrieben worden: Die Schöpfung, weil sie die Neuschöpfung in Jesu Auferstehung und Wiederkunft in sich birgt – der Sündenfall, weil deswegen Jesus durch sein Leiden und Sterben uns erlöst hat – Abraham, weil er durch sein Leben der „Vater des Glaubens" geworden ist – Moses, weil in ihm der Alte Bund gegründet ward, der in Christus und in seinem Blut zum Neuen und Ewigen Bund geworden ist – David, weil aus seinem königlichen Geschlecht Jesus, der Davidssohn und unser Heiland, stammt. Manches andere fehlt: der ägyptische Joseph, Job, Tobias, die Propheten... Dafür aber ist alles ausgewählt, was zum Grundstock der Heilsgeschichte gehört und gewußt sein sollte. Verzichtet wurde auch auf überleitende Textfüllungen, vor allem zwischen dem Alten und Neuen Testament, damit Sätze, die nicht in der Bibel stehen, auch dem Kinde nicht als angebliches Bibelwort in Erinnerung bleiben.

Die Mutter lehrt ihr Kind laufen und sprechen und vielerlei nützliche Dinge des Lebens. Diese Kinderbilderbibel will helfen, fromm und ehrfürchtig dem Kinde auch das Höchste und Letzte ganz nahezubringen: die Herrlichkeit und Größe, die Güte und Liebe Gottes.

ALTES TESTAMENT

m Anfang erschuf Gott Himmel und Erde. Aber die Erde war wüst und leer, und Finsternis lag über dem ungebändigten Meer, und der Hauch Gottes wehte über den Wassern. Da sprach Gott: „Es werde Licht!“, und es wurde Licht. Dann trennte Gott das Licht von der Finsternis. Das Licht nannte er Tag, und die Finsternis nannte er Nacht. So wurde der erste Tag.

9

In sechs Tagen machte Gott Himmel und Erde und das Meer und alles, was in ihnen ist. Am siebten Tage ruhte er. Darum hat Gott den siebten Tag gesegnet und geheiligt.

Gott hat auch unzählige Engel erschaffen. Tausendmal tausend dienen ihm, und zehntausendmal zehntausend stehen um seinen Thron. – Und Gott hat gesagt: „Siehe, ich sende meinen Engel vor dir her, dich zu behüten auf deinem Wege. Hab acht auf ihn und höre auf seine Stimme."

12

Zu der Zeit, als Gott Himmel und Erde schuf, gab es noch keine Menschen. Da bildete Gott der Herr den Adam aus dem Staub der Erde und hauchte ihm den Atem des Lebens ein. So wurde der Mensch lebendig. Gott schuf den Menschen als sein Bild, als Bild Gottes schuf er ihn. Er schuf ihn als Mann und Frau.

Und Gott segnete sie und sprach zu ihnen: „Seid fruchtbar und werdet zahlreich! Erfüllet die Erde und macht sie euch untertan! Herrschen sollt ihr über die Fische des Meeres, über die Vögel des Himmels und über jedes Lebewesen, das sich auf Erden regt."

Und Gott sah alles, was er gemacht hatte, und es war sehr gut.

Gott brachte Adam und Eva in das Paradies, das er für sie gepflanzt hatte. Die teuflische Schlange war listiger als alle Tiere. Sie sprach zur Frau: „Hat Gott wirklich gesagt, ihr dürftet von keinem Baume essen?" Die Frau antwortete der Schlange: „Nur von den Früchten des Baumes mitten im Garten hat Gott gesagt: Ihr dürft nicht davon essen, sonst müßt ihr sterben!" Die Schlange sprach zur Frau: „Ihr werdet gewiß nicht sterben; wenn ihr davon eßt, werdet ihr sein wie Gott!" Da nahm Eva von den Früchten und aß. Auch ihrem Mann, der bei ihr war, gab sie davon, und er aß auch.

Da versteckten sich Adam und seine Frau vor Gott in den Sträuchern des Gartens. Und Gott rief nach Adam und fragte: „Wo bist du?" Er antwortete: „Ich fürchte mich vor dir, deshalb habe ich mich versteckt." Gott fragte ihn: „Hast du denn von dem verbo-

14

tenen Baume gegessen?" Adam
antwortete: „Die Frau gab mir
von dem Baum, und ich aß." Da
fragte Gott die Frau: „Warum hast
du das getan?" Die Frau sagte: „Die
Schlange hat mich verführt, deshalb habe ich gegessen."
Da sprach Gott zur Schlange: „Weil
du das getan hast, sollst du verflucht
sein unter allen Tieren der Erde."
Zur Frau sagte er: „Schmerzen
und Mühen sollst du haben als
Mutter." Zu Adam sagte er: „In
harter Arbeit sollst du dich er-
nähren von der Erde, dein Leben
lang, bis du zur Erde zurückkehrst,
aus der du gemacht bist. Sie soll dir
Dornen und Disteln tragen. Denn
Staub bist du und sollst wieder
Staub werden."
Dann vertrieb ihn Gott der Herr aus
dem Paradies, damit er die Erde be-
baue, von der er genommen ist. Und
als er den Menschen vertrieben
hatte, stellte er vor den Eingang
einen Engel mit feurigem Schwert,
der den Weg bewachen muß.

dam und Eva bekamen zwei Söhne, Kain und Abel.
Abel wurde Schafhirt, Kain war ein Bauersmann.
Nach langer Zeit brachte Kain etwas von der Ernte seines Feldes
Gott zum Opfer dar. Auch Abel brachte ein Opfer, aber von den
ersten und den besten Tieren seiner Herde. Der Herr schaute
gnädig auf Abel und sein Opfer, auf Kain aber und sein Opfer
achtete er nicht. Da wurde Kain sehr wütend und blieb voll
Zorn. Eines Tages, als Kain mit seinem Bruder Abel auf dem
Felde war, begann er einen Streit und fiel über seinen Bruder
Abel her und schlug ihn tot.

Nun fragte der Herr den Kain: „Wo ist dein Bruder Abel?" Er
antwortete: „Ich weiß es nicht! Muß ich denn auf meinen
Bruder achtgeben?" Da sprach er: „Was hast du getan? Sei
verflucht und vertrieben von diesem Land, welches das Blut
deines Bruders getrunken hat. Die Erde soll dir keine Frucht
mehr tragen, und du sollst keine Heimat finden."

Da zog Kain fort und wandte sich von Gott ab.

Bald gab es viele Menschen auf
der Erde. Da sah der Herr, wie
böse sie geworden waren und wie sie
immer mehr Böses taten. Nur Noe
war ein frommer Mann. Er lebte nach
Gottes Gebot. Gott sagte zu Noe:
„Mache dir eine Arche aus Holz. Ich
will eine Wasserflut über die Erde
kommen lassen; alles, was auf der
Erde lebt, soll untergehen! Du aber
sollst mit deiner ganzen Familie in
die Arche gehen und auch von allen
Tieren je ein Paar mitnehmen, um sie
am Leben zu erhalten! Denn zwischen
dir und mir soll ein Bund sein." –
Und Noe tat so, wie Gott sagte.

Dann kam die große Wasserflut über die Erde. Das Wasser stieg und hob die Arche hoch. Das Wasser stieg immer höher, bis auch die hohen Berge bedeckt waren. Da mußte alles sterben, was auf der Erde lebte, nur Noe und alle in der Arche blieben übrig.

Nach vielen Tagen ging das Wasser langsam zurück, und die Arche blieb auf einem Berg stehen. Die Erde wurde wieder trocken. Da sagte Gott zu Noe: „Geh mit deiner Familie aus der

Arche und nimm alle verschiedenen Arten der Tiere mit, die
bei dir sind." Da ging Noe aus der Arche und baute einen Altar.
Er brachte dem Herrn ein Brandopfer dar. Und Gott sagte zu
ihm: „Meinen Regenbogen stelle ich in die Wolken als Zeichen:
Wenn ich Regenwolken zusammentreibe und der Regenbogen
sichtbar wird, denke ich an meinen Bund mit euch. Nie mehr
wird eine Wasserflut kommen, die alles vernichtet!"
Die Söhne Noes, die mit ihm aus der Arche gingen, waren Sem,
Cham und Japhet. Von ihnen stammen alle Menschen ab.

Alle Menschen sprachen damals nur eine einzige Sprache mit den gleichen Wörtern. Eines Tages sagten sie zueinander: „Wir wollen uns eine Stadt bauen und einen Turm. Seine Spitze soll bis an den Himmel reichen. Wir wollen uns so groß machen wie Gott." Als der Herr die Stadt und den Turm sah, an dem die Menschen bauten, sagte er: „Solange sie ein einziges Volk sind und die gleiche Sprache haben, meinen sie, sie könnten alles, was sie wollen. Aber ich will jetzt ihre Sprache verwirren, daß keiner mehr den anderen versteht!" Da mußten sie aufhören, die Stadt zu bauen. Der Herr zerstreute sie über die ganze Erde.

Von Sem, dem Sohne Noes, stammte nach vielen hundert Jahren Abraham ab.

Eines Tages sprach der Herr zu Abraham: „Ziehe fort aus diesem Lande, aus deiner Verwandtschaft und aus dem Hause deines Vaters und gehe in das Land, das ich dir zeigen werde. Ich will aus dir ein großes Volk machen, und mein Segen soll von dir auf alle Menschen kommen." Da zog Abraham fort, wie ihm der Herr gesagt hatte, und kam in das Land Kanaan; er baute dem Herrn einen Altar.

Nach langer Zeit sprach der Herr zu Abraham: „Fürchte dich nie! Ich bin dein Helfer!" Abraham sagte: „Ach Herr, du hast mir keine Kinder gegeben." Da sagte Gott: „Du sollst einen Sohn haben; ja, blicke zum Himmel und zähle die Sterne, wenn du kannst. So zahlreich sollen deine Enkel und Urenkel werden." Abraham glaubte, was Gott ihm versprach.

Als Abraham 99 Jahre alt war, sagte ihm der Herr: „Ich schließe einen Bund mit dir." Und noch einmal sagte er: „Ich will dir sehr viele Enkel und Urenkel geben." Und Gott tat so, wie er gesagt hatte. Nach einem Jahr hatte Abraham einen Sohn. Er nannte ihn Isaak.

ach längerer Zeit stellte Gott den Abraham auf die Probe und sagte zu ihm: „Nimm deinen einzigen Sohn Isaak, den du liebhast, und bringe ihn mir zum Opfer dar auf dem Berge, den ich dir zeigen werde!" Früh am anderen Morgen sattelte Abraham einen Esel, nahm zwei Knechte und seinen Sohn Isaak, spaltete das Holz für das Brandopfer und machte sich auf den Weg. Am dritten Tage sah er den Berg vor sich liegen. Da sagte Abraham zu den Knechten: „Bleibt ihr hier mit dem Esel; ich will mit dem Knaben dorthin gehen, um Gott anzubeten. Dann kommen wir wieder zu euch."

Dann nahm Abraham das Holz für das Brandopfer und lud es seinem Sohn auf; er selbst nahm das Feuer und das Schlacht-messer. So gingen sie beide miteinander. Da sagte Isaak zu seinem Vater: „Wir haben hier ja Feuer und Holz, aber wo ist das Lamm zum Opfer?" Da sagte Abraham: „Gott wird sich das Lamm zum Opfer selbst aussuchen, mein Sohn." Sie gingen beide miteinander weiter.

Als sie auf den Berg kamen, baute Abraham einen Altar. Er legte das Holz darauf, band Isaak fest und legte ihn auf das Holz. Dann griff er zum Messer und wollte seinen Sohn schlach-ten. Da rief der Engel des Herrn vom Himmel her: „Abraham! Abraham! Tu dem Knaben nichts! Denn jetzt weiß ich, daß du Gott gehorsam bist und sogar deinen einzigen Sohn Gott opfern wolltest." Abraham schaute um sich und sah nahe dabei einen Widder, der mit den Hörnern im Gestrüpp festhing. Da holte er den Widder und brachte ihn zum Opfer dar an Stelle seines Sohnes.

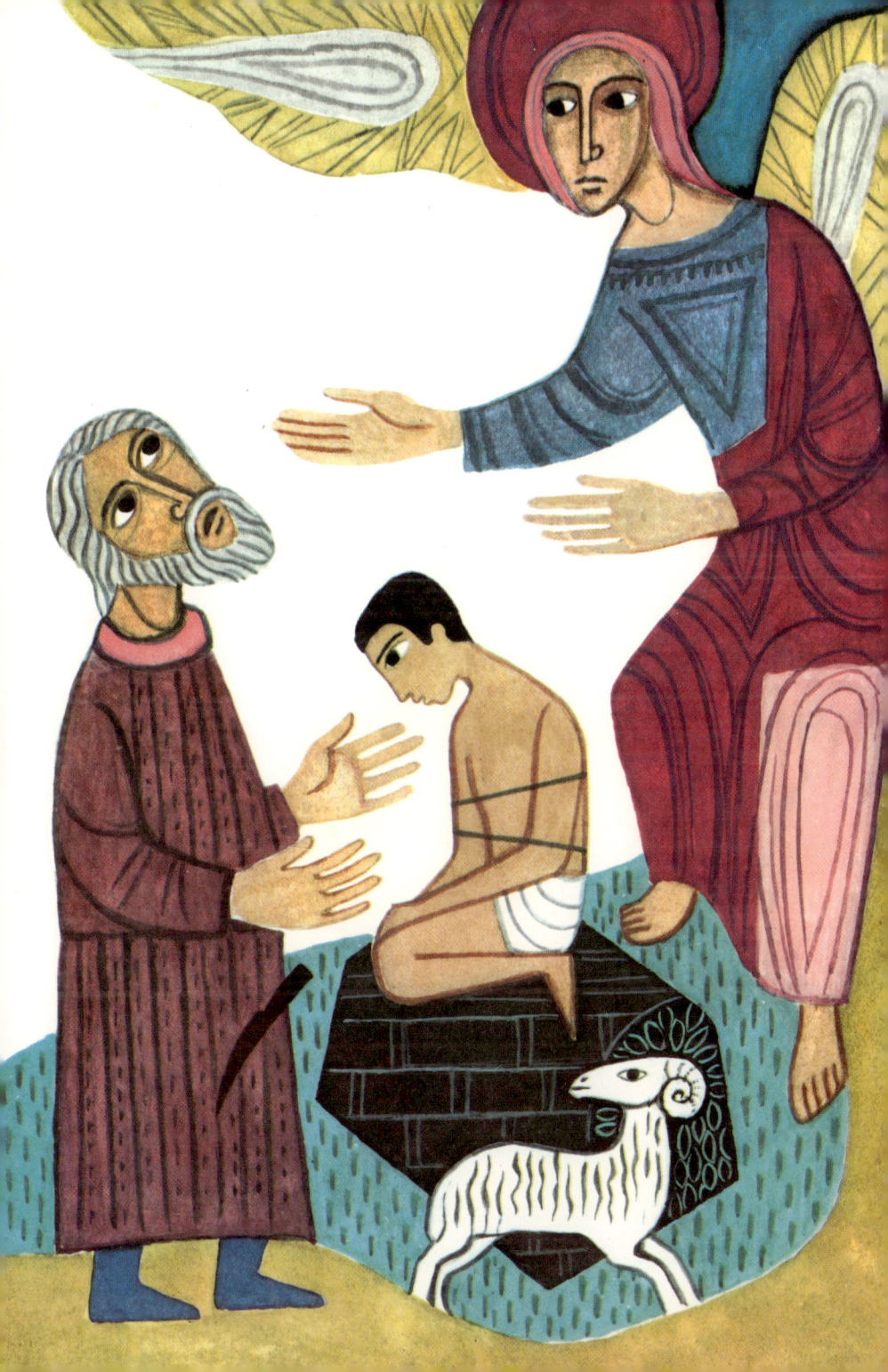

Abraham war der Vater des Isaak. Isaak war der Vater des Esau und Jakob. Jakob aber hatte zwölf Söhne.

Damals entstand eine Hungersnot in allen Ländern; doch im Land Ägypten gab es Brot genug. Da zog Jakob mit seiner ganzen Familie nach Ägypten. Unterwegs brachte er Gott ein Opfer dar. Und Gott sprach zu Jakob: „Ich bin dein Gott! Ich will dich zu einem großen Volke werden lassen. Ich selbst ziehe mit dir nach Ägypten, und ich selbst führe dich auch wieder zurück." – So kamen Jakob und alle seine Kinder nach Ägypten. Sie wurden ein großes Volk, und man nannte sie Israeliten.

Lange Zeit später sprach der König von Ägypten: „Seht, die Israeliten werden zahlreicher und stärker als wir!" Darum ließ er sie schwere Arbeit tun, um sie zu unterdrücken. Aber je mehr er sie unterdrückte, desto zahlreicher und stärker wurden sie. Da befahl der König: „Werft alle neugeborenen Knaben der Israeliten in den Nil!"

In dieser Zeit bekam eine israelitische Mutter einen Sohn und verbarg ihn drei Monate lang. Dann konnte sie ihn nicht länger verstecken. Sie nahm ein Körbchen aus Schilf, machte es mit Pech dicht, legte den Knaben hinein und setzte das Körbchen am Nilufer ins Schilf. Seine Schwester blieb nahe dabei und paßte auf.

Da kam die Tochter des Königs an den Nil und sah das Körbchen im Schilf stehen. Sie ließ es von einer Dienerin holen, machte es auf, sah darin das weinende Kind und hatte Mitleid mit dem Kinde. Da sprach die Schwester: „Soll ich dir nicht eine israelitische Mutter holen, die dir das Kind großzieht?" Die Königstochter antwortete: „Ja." Da holte die Schwester die Mutter des Kindes. Die Königstochter sprach: „Nimm dieses Kind und ziehe es für mich groß!" Als der Knabe größer geworden war, brachte die Mutter ihn der Tochter des Königs. Diese nahm ihn wie ihren Sohn an und gab ihm den Namen Moses.

Als Moses erwachsen war, bekam er mit den Ägyptern Streit und mußte aus Ägypten fliehen. Eines Tages kam er an den Berg Gottes. Da sah er einen brennenden Dornbusch, der aber nicht verbrannte. Moses ging hin, um nachzusehen, warum der Dornbusch nicht verbrannte. Da rief ihm Gott aus dem Dornbusch zu: „Moses, Moses! Ich bin der Gott Abrahams, Isaaks und Jakobs! Ich habe das Elend meines Volkes gesehen und sein Jammern gehört. Darum will ich dich zum König senden. Du sollst mein Volk, die Israeliten, aus Ägypten führen." Moses ging zum König und sprach: „Laßt die Israeliten fortziehen!" Der König aber wollte nicht. Dafür strafte Gott die Ägypter so lange, bis sie voll Furcht riefen: „Ziehet schnell fort, sonst müssen wir alle sterben."

So zogen die Israeliten aus, und der Herr war mit ihnen. Doch schon bald sprach der König: „Was haben wir da getan, daß wir sie ziehen ließen!" Und er ließ seine Kriegswagen anspannen und jagte ihnen mit seinen Soldaten nach. Er holte sie am Meer ein. Moses streckte die Hand aus über das Meer. Da ließ der Herr das Meer zurückweichen, und die Wasser teilten sich. So zogen die Israeliten durch das trockene Meer. Die Ägypter verfolgten sie; aber sie kamen nur mühsam vorwärts. Als alle Israeliten am anderen Ufer waren, befahl der Herr dem Moses: „Strecke deine Hand aus über das Meer!" Da floß das Wasser zurück und begrub das ganze Heer der Ägypter. So rettete der Herr an jenem Tage die Israeliten aus der Gewalt der Ägypter.

Im dritten Monat nach dem Auszug aus Ägypten kamen die Israeliten an den Berg Sinai. Der Herr sagte zu Moses: „Sage den Israeliten: ‚Wenn ihr treu auf mein Wort hört und meinen Bund haltet, sollt ihr unter allen Völkern mein auserwähltes Volk sein!‘ "

Als es Morgen wurde, brachen Donner und Blitze los. Schwere Wolken lagen auf dem Berge, und mächtiger Posaunenschall ertönte. Moses führte das ganze Volk Gott entgegen und stellte es unten am Berge auf. Während das Volk unten stehenblieb, stieg Moses auf den Berg und ging in die dunkle Wolke, in der Gott war. Da ließ Gott durch Moses dem Volke alle seine Gebote verkünden, und das ganze Volk antwortete: „Alle Gebote wollen wir befolgen!" Moses errichtete an dem Berge einen Opferaltar, er nahm das Blut der Opfertiere, besprengte damit das Volk und sagte: „Dies ist das Blut des Bundes, den der Herr mit euch geschlossen hat!"

ange Zeit danach lebte in Bethlehem ein Mann mit Namen Jesse. Er hatte acht Söhne; der jüngste hieß David. Gott hatte David auserwählt zum König über das Volk Gottes.

Als David noch jung war, führten die Philister Krieg gegen die Israeliten; auch Davids Brüder mußten in den Krieg ziehen. Eines Tages schickte der Vater David zu seinen älteren Brüdern, die in den Krieg gezogen waren. So kam der junge David in das Lager der Israeliten. Da trat ein Philister mit Namen Goliath von weitem auf die Israeliten zu und rief: „Sucht jemand von euch aus, der mit mir kämpfen will. Wenn er mich erschlägt, wollen wir euch dienen; wenn ich ihn erschlage, sollt ihr uns dienen!" Goliath war groß und stark und hatte schwere eiserne Waffen. Da sagte David zu den Israeliten: „Ich will mit ihm kämpfen." David trat dem Goliath entgegen und hatte nur einen Stock und seine Schleuder in der Hand. Er rief ihm zu: „Ich komme zu dir im Namen des Herrn!" Dann nahm David einen Stein und schleuderte ihn auf Goliath. Er traf ihn auf die Stirn, und Goliath fiel zur Erde. David lief hin, nahm das große Schwert des Goliath und erschlug ihn. Als die Philister sahen, daß ihr stärkster Mann tot war, flohen sie vor den Israeliten.

Später wurde David König über das ganze Volk Israel und wohnte in Jerusalem. Gott sprach zu ihm: „Ich war mit dir bei allem, was du tatest. Ich will deinen Namen berühmt machen in der ganzen Welt. Einer von deinen Söhnen soll nach dir auf deinem Thron sitzen als König, und dein Thron soll bestehen bleiben für immer."

Nach dem Tode Davids wurde sein Sohn Salomon König. In Jerusalem ließ er den Tempel Gottes bauen. Dann sprach Gott zu Salomon: „Wenn du alles tust, was ich dir gesagt habe, will ich alles tun, was ich versprochen habe. In diesem Tempel will ich wohnen mitten unter den Israeliten und will niemals mein Volk verlassen!"

Dann hat Gott immer wieder durch seine Propheten versprochen, den Heiland für alle Völker in die Welt zu senden. Der Prophet Isaias hat verkündet: „Ein Kind wird uns geboren, ein Sohn wird uns geschenkt. Er wird herrschen auf dem Throne Davids."

Der Heiland der Welt ist Jesus Christus.

NEUES
TESTAMENT

Der Engel Gabriel wurde von Gott nach Nazareth zu einer Jungfrau gesandt. Sie war verlobt mit einem Manne, der Joseph hieß. Der Name der Jungfrau war Maria. Der Engel trat bei ihr ein und sprach: „Gegrüßet seist du, voll der

Gnade! Der Herr ist mit dir." Maria erschrak bei diesem Wort und dachte nach, was dieser Gruß bedeuten sollte. Der Engel aber sprach zu ihr: „Fürchte dich nicht, Maria! Du hast Gnade gefunden bei Gott. Siehe, du wirst einen Sohn bekommen, und du sollst ihn Jesus nennen. Er wird der Sohn des allerhöchsten Gottes sein und herrschen in Ewigkeit." Da sprach Maria zu dem Engel: „Wie soll das geschehen?" Der Engel sprach zu ihr: „Der Heilige Geist wird auf dich herabkommen. Was Gott sagt, ist nie unmöglich." Maria sprach: „Siehe, ich bin die Magd des Herrn! Mir geschehe nach deinem Worte!" Und der Engel ging weg von ihr.

Maria machte sich in diesen Tagen auf den Weg und ging in die Berge zu ihrer Verwandten Elisabeth. Sie trat in das Haus und begrüßte Elisabeth. Da wurde Elisabeth vom Heiligen Geist

erfüllt und rief: „Du bist gebenedeit unter den Weibern, und gebenedeit ist die Frucht deines Leibes. Wie ist es möglich, daß die Mutter des Herrn zu mir kommt! Glückselig bist du, weil du geglaubt hast. Es wird in Erfüllung gehen, was der Engel des Herrn dir gesagt hat." Da sprach Maria: „Meine Seele preist den Herrn; denn Großes hat an mir der mächtige Gott getan."

Kaiser Augustus gab den Befehl, alle Leute müßten sich aufschreiben lassen. Da ging jeder in seine Stadt, um sich anzumelden. Weil Joseph aus der Familie Davids war, ging er in die Stadt Davids, die Bethlehem heißt, um sich mit Maria anzumelden. Als sie dort waren, kam die Zeit, daß Maria ihren Sohn zur Welt brachte. Sie wickelte ihn in Windeln und legte ihn in eine Krippe; denn in der Herberge war kein Platz für sie. In derselben Gegend waren Hirten auf dem Felde bei ihrer Herde. Plötzlich stand ein Engel des Herrn vor ihnen. Sie fürchteten sich sehr. Der Engel aber sprach zu ihnen: „Fürchtet euch nicht! Denn seht, ich verkündige euch große Freude: Heute ist euch in der Stadt Davids der Heiland geboren, Christus, der Herr. Ihr werdet ein Kind finden, das in Windeln gewickelt ist und in einer Krippe liegt." Und plötzlich waren bei dem Engel sehr viele aus der himmlischen Engelschar; sie lobten Gott und sprachen: „Ehre sei Gott in der Höhe und auf Erden Friede den Menschen."

Da sprachen die Hirten zueinander: „Laßt uns nach Bethlehem gehen und sehen, was geschehen ist!" Da gingen sie hin und fanden Maria und Joseph und das Kind, das in der Krippe lag. Als sie es sahen, erzählten sie, was der Engel ihnen über dieses Kind gesagt hatte. Dann kehrten die Hirten zurück und lobten und priesen Gott für alles, was sie gehört und so gesehen hatten, wie es gesagt war.

Als Jesus zu Bethlehem geboren war, kamen drei Weise aus dem Morgenland nach Jerusalem und sprachen: „Wo ist der neugeborene König der Juden? Wir haben seinen Stern im Morgenlande gesehen und sind gekommen, ihn anzubeten." Als der König Herodes dies hörte, erschrak er. Und er fragte die Schriftgelehrten, wo der Heiland geboren werden sollte. Sie antworteten: „Zu Bethlehem im Lande Juda." Da schickte Herodes die Weisen nach Bethlehem und sprach: „Geht hin und suchet nach dem Kinde! Wenn ihr es gefunden habt, dann sagt es mir! Dann will auch ich kommen

und es anbeten." Die Weisen zogen fort. Und siehe, der Stern, den sie im Morgenlande gesehen hatten, ging vor ihnen her bis zu dem Haus, in dem das Kind war. Als sie den Stern sahen, freuten sie sich sehr. Sie gingen in das Haus und sahen das Kind mit Maria, seiner Mutter. Da knieten die Weisen nieder und

beteten Jesus an. Sie brachten ihm auch Geschenke dar: Gold,
Weihrauch und Myrrhen. Im Traum wurde ihnen gesagt, sie
sollten nicht zu Herodes zurückkehren. Deshalb zogen sie auf
einem anderen Weg in ihr Land zurück.

Als die Weisen fortgezogen waren, sagte ein Engel des Herrn im Traume Joseph: „Steh auf, nimm das Kind und seine Mutter und flieh nach Ägypten! Herodes wird das Kind suchen, um es zu töten." Da stand Joseph auf, nahm in der Nacht das Kind und seine Mutter und zog fort nach Ägypten.

Als Herodes merkte, daß die Weisen nicht mehr kamen, wurde er sehr zornig. Er ließ in Bethlehem und in der ganzen Umgegend alle Knaben töten, die nicht älter waren als zwei Jahre. Nachdem Herodes gestorben war, sagte der Engel zu Joseph in Ägypten: „Steh auf, nimm das Kind und seine Mutter und zieh wieder in das Land Israel!" Da stand Joseph auf, nahm das Kind und seine Mutter und zog in das Land Israel. Er wohnte dann in der Stadt Nazareth.

Die Eltern Jesu gingen jedes Jahr zum Osterfest nach Jerusalem. Als Jesus zwölf Jahre alt war, ging er mit ihnen. Am Ende der Feiertage traten sie den Heimweg an, aber der kleine Jesus blieb in Jerusalem, und seine Eltern merkten es nicht. Sie gingen einen ganzen Tag weiter und suchten ihn bei den Verwandten und Bekannten. Da sie ihn nicht fanden, gingen sie nach Jerusalem zurück und suchten ihn dort. Nach drei Tagen fanden sie ihn im Tempel; er saß mitten unter den Lehrern, hörte ihnen zu und fragte sie. Alle aber, die ihn hörten, staunten über seine Antworten. Seine Mutter sagte zu ihm: „Kind, was hast du uns damit angetan! Sieh, dein Vater und ich haben dich mit Schmerzen gesucht." Da sagte er zu ihnen: „Warum habt ihr mich gesucht? Wußtet ihr nicht, daß ich im Hause meines Vaters sein muß?" Sie aber verstanden das Wort nicht, das er ihnen sagte. Dann zog er mit ihnen heim nach Nazareth, und er war ihnen gehorsam.

Viele Jahre später predigte Johannes der Täufer in der Wüste. Die Leute kamen zu ihm, ließen sich taufen und bekannten ihre Sünden. Da kam auch Jesus zu Johannes, um sich von ihm taufen zu lassen. Johannes aber sprach: „Ich habe nötig, von dir getauft zu werden, und du kommst zu mir?" Jesus antwortete: „Laß es nur geschehen!" Da taufte Johannes ihn.

Als Jesus getauft war, stieg er aus dem Wasser. Da öffnete sich der Himmel, und der Heilige Geist kam sichtbar auf ihn herab wie eine Taube. Und eine Stimme vom Himmel rief: „Dieser ist mein geliebter Sohn, an dem ich mein Wohlgefallen habe." Als Jesus dann anfing zu lehren, war er ungefähr dreißig Jahre alt.

45

Damals war in Kana eine Hochzeit, und die Mutter Jesu war
dabei. Auch Jesus und seine Jünger waren zu der Hochzeit
eingeladen. Als der Wein zu Ende ging, sagte Maria zu Jesus:
„Sie haben keinen Wein mehr." Zu den Dienern aber sprach sie:
„Was er euch sagen wird, das tut!" Nun standen dort sechs
große steinerne Wasserkrüge, jeder zwei bis drei Maß groß.
Jesus sagte zu den Dienern: „Füllt die Krüge mit Wasser!"

Sie füllten sie bis oben hin. Dann sagte er: „Jetzt schöpft etwas davon und bringt es dem Speisemeister!" Sie brachten es ihm. Da merkte der Speisemeister an dem Wasser, daß es zu Wein geworden war. Er wußte nicht, woher der Wein kam. Die Diener aber, die das Wasser geholt hatten, wußten es. Dieses erste Wunder tat Jesus zu Kana in Galiläa; er offenbarte dadurch seine Herrlichkeit, und seine Jünger glaubten an ihn.

Eines Tages stieg Jesus mit seinen Jüngern in ein Schiff, und er sagte zu ihnen: „Laßt uns zum anderen Ufer des Sees fahren." So fuhren sie ab, und während der Fahrt schlief Jesus ein. Da ging ein Sturmwind über den See nieder, und sie bekamen Wasser ins Schiff und waren in Gefahr. Sie weckten ihn und riefen: „Meister, Meister! Wir sind verloren!" Jesus stand auf und gebot dem Winde und dem tobenden Wasser. Da wurde es ruhig und still. Dann sagte er zu ihnen: „Wo bleibt euer Glaube?" Voll Furcht und Staunen sagten sie zueinander: „Wer muß doch der sein, daß Wind und Wasser auf sein Wort hin gehorchen!"

J esus nahm die Jünger mit und ging mit ihnen
in die Nähe von Bethsaida. Die Leute folgten ihm,
bis es Abend wurde. Da gingen die Zwölf zu Jesus
und sagten: „Laß die Leute ziehen; sie sollen in

49

die umliegenden Dörfer und Höfe gehen, ob sie dort essen und schlafen könnten. Hier sind wir ja in einer verlassenen Gegend." Er sagte zu ihnen: „Gebt ihr ihnen zu essen!" Sie sagten: „Wir haben nicht mehr als fünf Brote und zwei Fische. Oder wir müßten hingehen und für die vielen Leute zu essen kaufen." Es waren nämlich fast fünftausend Männer. Jesus sagte zu den Jüngern: „Sorgt dafür, daß sie sich in Gruppen hinsetzen." So taten sie, und alle ließen sich nieder.

Da nahm er die Fische und die fünf Brote und blickte zum Himmel empor, segnete und brach sie und gab sie den Jüngern zum Austeilen an die Leute. Und alle aßen und wurden satt, und von den Stücklein, die übrigblieben, hoben sie noch zwölf Körbe voll auf.

Gleich darauf drängte Jesus die Jünger, wieder in das Boot zu steigen und vorauszufahren zum anderen Ufer. Jesus blieb und schickte die Leute heim. Dann ging er auf den Berg, um zu beten.

Als es Abend wurde, war das Schiff mitten auf dem See und Jesus allein auf dem Lande. Er sah, wie sie nur mühsam vorwärts kamen; denn sie hatten Gegenwind. Gegen Morgen kam er auf dem See wandelnd zu ihnen. Als sie ihn so auf dem Meer gehen sahen, meinten sie, sie sähen ein Gespenst und schrien laut. Denn alle sahen ihn und erschraken. Er aber sprach sofort mit ihnen und sagte: „Ich bin es! Fürchtet euch nicht!" Dann stieg er zu ihnen in das Boot, und der Wind legte sich. Sie aber waren ganz außer sich vor Staunen.

Als Jesus ausstieg, erkannten die Leute ihn sofort; sie liefen überallhin und brachten auf Tragbahren die Kranken zu ihm. Und alle wurden gesund.

Von dort ging Jesus weiter; da kamen zwei Blinde hinter ihm her, die riefen und sagten: „Erbarme dich unser, Sohn Davids!" Jesus fragte sie: „Glaubt ihr, daß ich euch heilen kann?" Sie sagten: „Ja, Herr!" Da rührte er an ihre Augen und sagte: „Wie ihr glaubt, so soll euch geschehen!" Da taten sich ihre Augen auf. Jesus aber gebot ihnen streng: „Seht zu, daß es keiner erfährt." Sie aber gingen weg und erzählten von Jesus in der ganzen Umgegend.

Einmal kam Jesus in eine der Ortschaften; dort lebte ein Mann, der voller Aussatz war. Als er Jesus sah, warf er sich zur Erde auf sein Angesicht, bat ihn und sagte: „Herr, wenn du willst, kannst du mich rein machen." Jesus streckte seine Hand aus, rührte ihn an und sagte: „Ich will! Sei rein!" Und sofort war der Aussatz weg. Jesus aber befahl ihm: „Sage niemandem etwas, sondern geh und zeige dich den Priestern und bringe ein Opfer dar." Nun redete man überall nur noch mehr von Jesus, und viele Leute strömten zusammen. Sie wollten ihn hören und von ihren Krankheiten geheilt werden.

ach einigen Tagen ging er nach Kapharnaum. Viele Leute liefen zusammen, so daß sogar vor seiner Türe kein Platz mehr war. Er verkündete ihnen das Wort Gottes. Da brachten sie einen Gelähmten zu ihm, von vier Männern getragen. Weil sie ihn wegen der vielen Leute nicht zu ihm bringen konnten, deckten sie das Dach ab, hoben ein Loch aus und ließen die Bahre mit dem Gelähmten hinab. – Als Jesus ihren Glauben sah, sprach er zu dem Gelähmten: „Kind, deine Sünden sind dir vergeben!" Auch einige Schriftgelehrte saßen dabei und dachten bei sich: Wie kann der so reden? Er lästert! Wer anders kann Sünden vergeben als Gott allein? – Jesus sagte zu ihnen: „Was ist denn leichter, zu dem Gelähmten zu sagen: Deine Sünden sind dir vergeben! oder zu sagen: Steh auf, nimm deine Bahre und geh? Damit ihr aber seht, daß ich auf Erden die Macht habe, Sünden zu vergeben –", sprach er zu dem Gelähmten: „Ich sage dir, steh auf, nimm deine Bahre und geh nach Hause!" Und der Gelähmte erhob sich, nahm sofort die Bahre und ging vor aller Augen weg. Da waren alle außer sich; sie lobten Gott und sagten: „So etwas haben wir noch nie gesehen!"

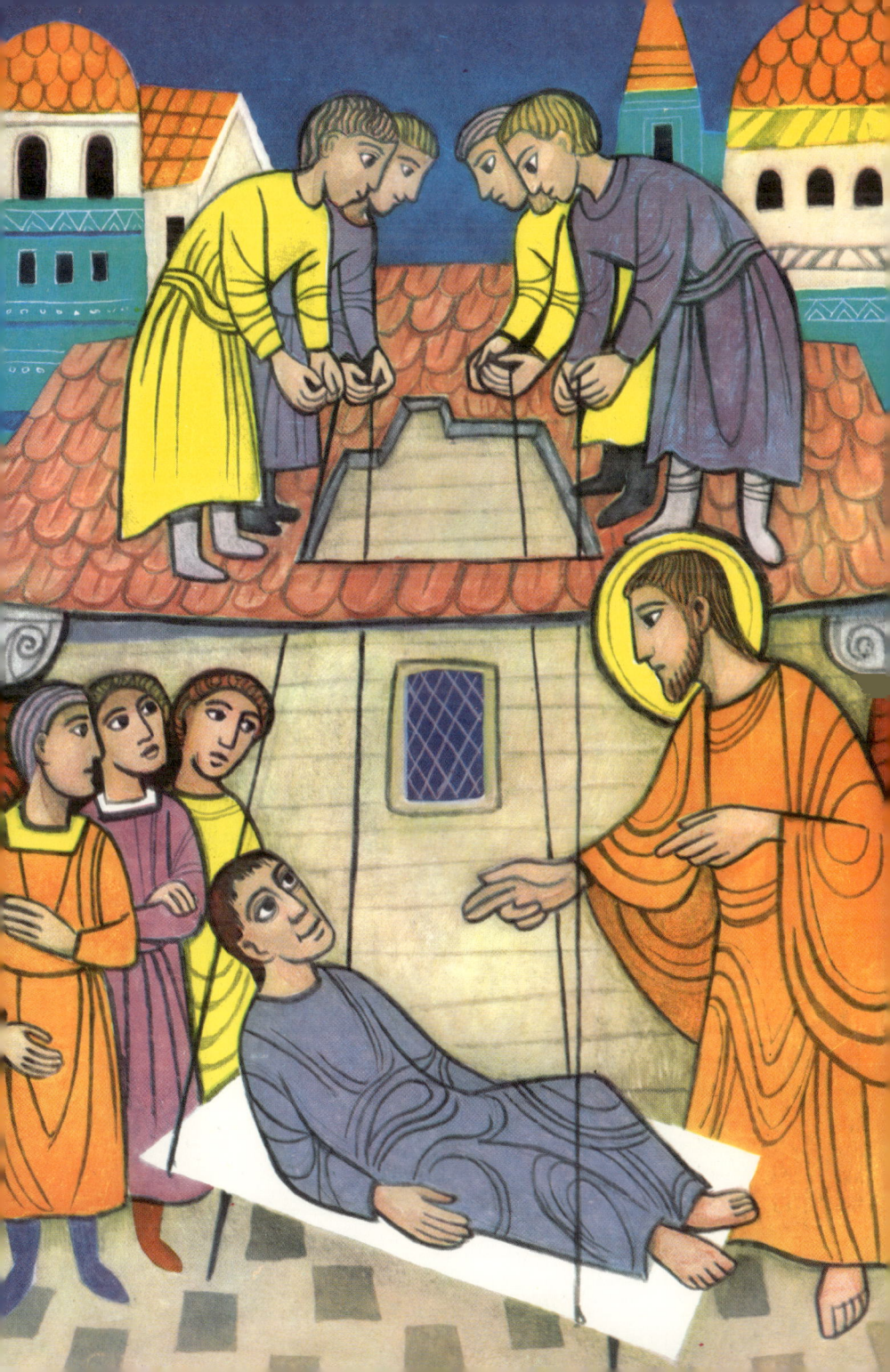

Da kam ein Hauptmann zu Jesus mit einer Bitte und sagte: „Herr, mein Knecht liegt gelähmt zu Hause und hat große Schmerzen." Jesus sagte zu ihm: „Ich will kommen und ihn heilen." Da antwortete der Hauptmann: „Herr, ich bin nicht würdig, daß du eingehst unter mein Dach; sondern sprich nur ein Wort, so wird mein Knecht gesund." Als Jesus das hörte, staunte er und sagte: „Wahrlich, ich sage euch: einen solchen Glauben habe ich in Israel nicht gefunden." Und zum Hauptmann sagte Jesus: „Geh! Wie du geglaubt hast, soll dir geschehen!" Zur gleichen Stunde wurde der Knecht gesund.

Bald darauf fuhr Jesus mit seinen Jüngern über den See. Als Jesus aus dem Boote stieg, kam aus den Grabhöhlen ein Mann auf ihn zu, der von unreinen Geistern besessen war. Er hauste in den Grabhöhlen, und nicht einmal mit Ketten konnte man ihn bändigen. Immerzu bei Tag und Nacht schrie er in den Höhlen und den Bergen und schlug sich mit Steinen. Als er Jesus sah, kam er von weitem gelaufen, fiel vor ihm nieder und schrie laut: „Was habe ich mit dir zu tun, Jesus, Sohn des allerhöchsten Gottes? Ich beschwöre dich bei Gott: Quäle mich nicht!" Denn Jesus hatte gesagt: „Du unreiner Geist, fahre aus von diesem Menschen!" Und er fragte ihn: „Wie heißt du?" Da sagte der unreine Geist: „Ich heiße ,Masse'; denn wir sind viele!" Dort war auf dem Berghang eine Schweineherde auf der Weide. Die bösen Geister bettelten Jesus an: „Schicke uns doch in die Schweine! Laß uns in sie hineinfahren!" Er ließ es zu. Da fuhren die unreinen Geister aus und fuhren in die Schweine. Die ganze Herde, rund zweitausend an der Zahl, stürzte sich den Abhang hinunter in den See und kam darin um.

Einige Zeit danach begab sich Jesus in eine Stadt mit Namen Naim, und seine Jüngerschar und viele Leute gingen mit ihm. Als er sich dem Stadttor näherte, trug man gerade einen Toten heraus, den einzigen Sohn seiner Mutter, und diese war Witwe. Viele Leute aus der Stadt waren bei ihr. Als der Herr sie sah, erbarmte er sich über sie und sagte zu ihr: „Weine nicht!" Dann trat er hinzu und berührte die Bahre; die Träger standen still, und er sagte: „Junge, ich sage dir, steh auf!" Da setzte sich der Tote auf und begann zu sprechen, und Jesus gab ihn seiner Mutter. Alle ergriff Furcht, sie priesen Gott und sagten: „Ein großer Prophet ist bei uns aufgestanden! Gott hat sein Volk heimgesucht!"

Als Jesus zurückkehrte, hatten ihn schon alle erwartet. Da kam ein Mann mit Namen Jairus. Er fiel Jesus zu Füßen und bat ihn, in sein Haus zu kommen; denn seine einzige Tochter von zwölf Jahren lag im Sterben. Während er hinging, kam jemand vom Hause des Jairus und sagte: „Deine Tochter ist eben gestorben! Sei dem Meister nicht länger lästig!" Jesus hörte das und sagte darauf zu Jairus: „Fürchte dich nicht! Glaube nur, so wird sie gerettet." Er ging also in das Haus und nahm niemand mit sich außer Petrus, Jakobus und Johannes sowie den Vater des Kindes und die Mutter. Alle weinten und beklagten das Mädchen. Jesus aber sprach: „Weint nicht! Es ist nicht gestorben, sondern schläft." Da lachten sie ihn aus, denn sie wußten, daß das Mädchen gestorben war. Er aber nahm es bei der Hand, rief es an und sagte: „Kind, steh auf!" Da kehrte ihr Geist zurück, und sie stand sofort auf; dann ließ er ihr zu essen geben. Und die Leute erzählten darüber in der ganzen Gegend.

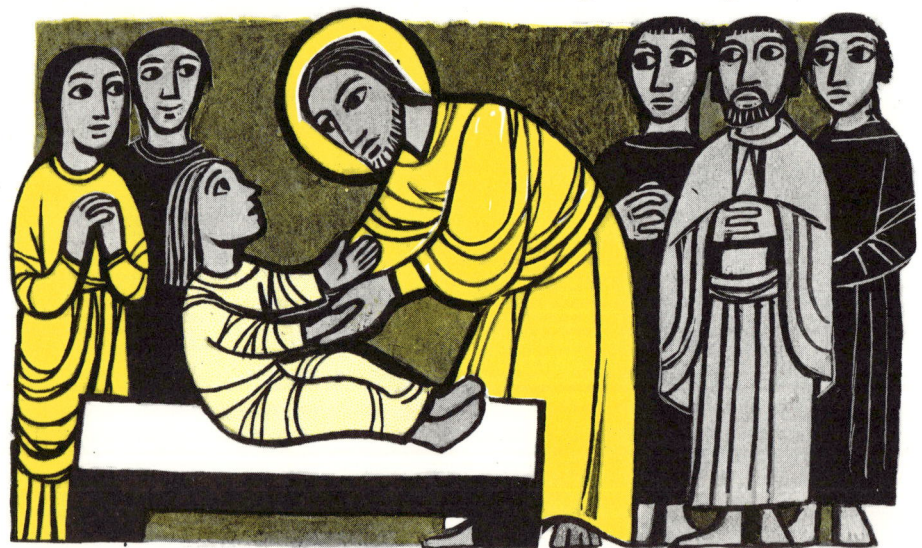

ie Leute brachten Kinder zu Jesus, damit er ihnen die Hände auflegen möchte. Die Jünger schimpften mit den Leuten. Als Jesus das sah, wurde er unwillig und sagte zu ihnen: „Laßt die Kinder zu mir kommen! Weist sie nicht ab! Denn solchen gehört das Reich Gottes. Wahrlich, ich sage euch: Wenn jemand das Reich Gottes nicht annimmt wie ein Kind, wird er niemals hineinkommen." Dann nahm er die Kinder in seine Arme und legte ihnen die Hände auf.

ls Johannes der Täufer im Gefängnis war, erfuhr er von den Werken Christi. Da ließ er ihn durch zwei Boten fragen: „Bist du der Heiland, der kommen soll, oder müssen wir auf einen anderen warten?" Und Jesus gab ihnen zur Antwort: „Geht und meldet dem Johannes, was ihr hört und seht: Blinde sehen, Lahme gehen, Aussätzige werden rein, Tote stehen auf und Armen wird die frohe Botschaft verkündet."

Oft waren auch vielerlei sündige Menschen in der Nähe Jesu, die ihm zuhören wollten. Darüber waren die Pharisäer und Schriftgelehrten unwillig und sagten: „Der da nimmt die Sünder auf und kehrt bei ihnen ein." Da erzählte er für sie dieses Gleichnis: „Wenn jemand von euch hundert Schafe hat und eines von ihnen verliert, läßt er dann nicht die neunundneunzig allein und geht dem verlorenen nach, bis er es findet? Wenn er es findet, nimmt er es voll Freude auf seine Schultern. Dann geht er nach Hause, ruft seine Freunde und Nachbarn zusammen und sagt zu ihnen: Nun freut euch mit mir, weil ich mein verlorenes Schaf gefunden habe! – Ich sage euch: So wird im Himmel Freude sein über einen einzigen Sünder, der sich bekehrt."

Auch dieses Gleichnis erzählte Jesus:

Ein Vater hatte zwei Söhne. Da sagte der jüngere: „Vater, gib mir den Teil des Vermögens, der mir zusteht." Da teilte der Vater das Vermögen unter beide. Einige Tage später packte der jüngere alles zusammen und zog in ein fernes Land; dort vergeudete er sein Vermögen in einem ausgelassenen Leben. Als er alles vergeudet hatte, kam er in Not. Da ging er hin und nahm eine Stelle an bei einem Mann; der schickte ihn aufs Feld, die Schweine zu hüten. Gern hätte er sich den Magen mit dem Futter gefüllt, das die Schweine fraßen, aber niemand gab es ihm.

Da ging er in sich und sagte sich: „Wie viele Tagelöhner haben bei meinem Vater mehr Brot, als sie brauchen. Ich aber muß hier sterben vor Hunger! Ich will mich aufmachen und zu meinem Vater gehen und ihm sagen: Vater, ich habe gesündigt vor Gott und vor dir. Ich bin nicht mehr wert, dein Sohn zu heißen. Tue mit mir wie mit einem deiner Tagelöhner."

Dann machte er sich auf und ging zu seinem Vater. Von weitem schon sah ihn sein Vater, bekam Mitleid und lief ihm entgegen; er fiel ihm um den Hals und küßte ihn. Der Sohn sagte zu ihm: „Vater, ich habe gesündigt vor Gott und vor dir; ich bin

nicht mehr wert, dein Sohn zu heißen!" Der Vater aber sagte zu seinen Knechten: „Bringet das beste Kleid heraus und zieht es ihm an; gebt ihm einen Ring an die Hand und Schuhe an die

Füße! Bringt das fette Kalb und schlachtet es; dann wollen wir essen und froh sein. Denn dieser mein Sohn war tot und lebt wieder, er war verloren und ist wiedergefunden." So feierten sie ein Freudenfest.

Der ältere Sohn war noch auf dem Felde. Als er heimkam und sich dem Hause näherte, hörte er Musik und Tanz. Da rief er einen der Knechte herbei, um zu erfahren, was das bedeute. Der sagte ihm: „Dein Bruder ist gekommen. Da hat dein Vater das fette Kalb schlachten lassen, weil er ihn gesund zurückbekommen hat." Da wurde er zornig und wollte nicht hineingehen. Der Vater aber kam heraus und redete ihm zu. Der aber gab dem Vater zur Antwort: „Siehe, so viele Jahre diene ich dir und

habe niemals dein Gebot übertreten. Mir hast du nicht einmal ein Böckchen geschenkt, daß ich mit meinen Freunden ein Fest feiern könnte. Da kommt nun dieser dein Sohn, der dein Vermögen mit allerlei Gesindel vergeudet hat, da hast du für

ihn das fette Kalb geschlachtet!" Da sagte ihm der Vater: „Kind, du bist ja immer bei mir und alles, was ich habe, gehört doch auch dir. Jetzt müssen wir uns freuen und froh sein, weil dein Bruder tot war und wieder lebt, verloren war und wiedergefunden ist."

Einmal meldete sich ein Gesetzeslehrer, der Jesus auf die Probe stellen wollte, und sagte: „Meister, was muß ich tun, um ewiges Leben zu erhalten?" Er sagte zu ihm: „Wie hat Gott geboten?" Der Gesetzeslehrer gab zur Antwort: „Du sollst den Herrn deinen Gott lieben, aus deinem ganzen Herzen, aus deiner ganzen Seele, mit allen deinen Kräften und aus deinem ganzen Gemüt; und deinen Nächsten wie dich selbst." Er sagte zu ihm: „Du hast richtig geantwortet. Tue das, dann wirst du ewiges Leben haben!" – Der aber fragte weiter: „Wer ist denn mein Nächster?" Jesus ging darauf ein und erzählte: „Einmal ging ein Mann von Jerusalem nach Jericho und fiel unter die Räuber. Die plünderten ihn aus, schlugen ihn blutig, machten sich davon und ließen ihn halbtot liegen. Da kam auch ein Priester den

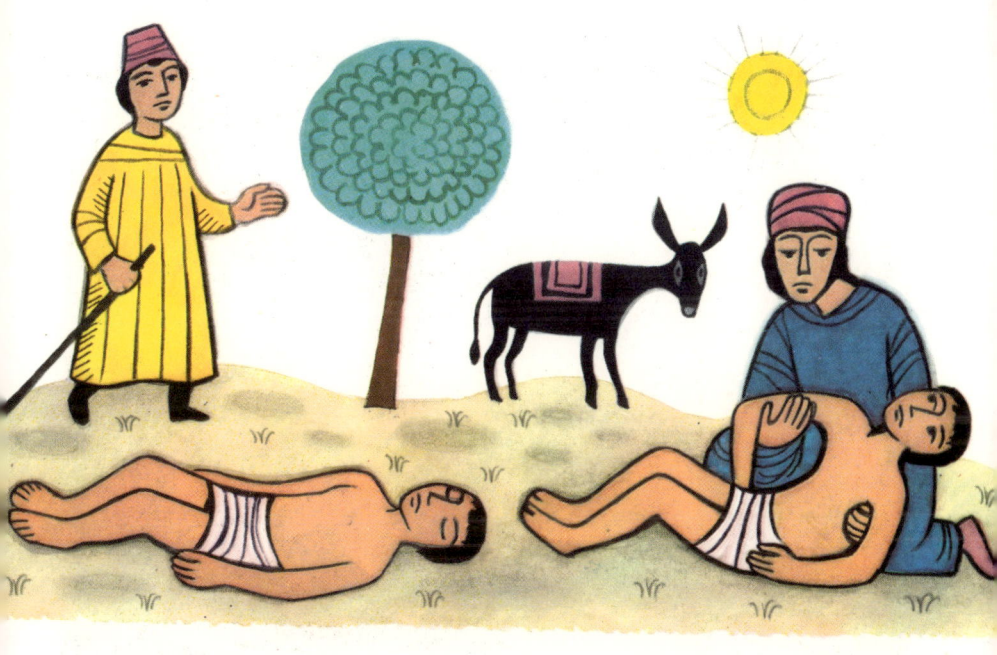

gleichen Weg gegangen; er sah ihn und ging vorüber; genauso
kam auch ein Levit an die Stelle; er kam, sah hin und ging vorüber. Aber auch ein Samariter, der des Weges zog, kam an ihm
vorbei, sah ihn und hatte Mitleid. Da ging er zu ihm, goß Öl
und Wein über seine Wunden und verband sie; dann hob er ihn
auf seinen Esel, brachte ihn in eine Herberge und sorgte für ihn.
Am anderen Morgen zog er zwei Geldstücke hervor, gab sie dem
Wirt und sagte: ‚Sorge gut für ihn. Und wenn du noch mehr aus-
legen mußt, gebe ich dir das zurück, wenn ich wiederkomme‘. –
Was meinst du: Wer von diesen dreien hat sich als Nächster be-
nommen gegenüber dem Mann, der unter die Räuber gefallen
war?" Er antwortete: „Der barmherzig war und geholfen hat."
Jesus aber sprach zu ihm: „Nun geh und mache es genauso!"

Als Jesus im Hause eines vornehmen Pharisäers zum Essen eingeladen war, sprach er: „Ein Mann hielt ein großes Gastmahl und lud viele Leute dazu ein. Dann sandte er seinen Diener zur Essenszeit aus und ließ den Gästen sagen: ‚Kommt! Alles ist schon bereitet!' Da fingen alle auf einmal an, sich zu entschuldigen. Der eine sagte zum Diener: ‚Ich wollte ein Stück Land kaufen und muß unbedingt hinausgehen, es mir anzusehen; halte mich bitte für entschuldigt!' Ein anderer sagte: ‚Ich wollte fünf Paar Ochsen kaufen und gehe sie jetzt aussuchen; halte mich bitte für entschuldigt!' Ein anderer sagte:

‚Ich wollte heiraten und kann deswegen nicht kommen.‘ So kam der Diener zurück und richtete seinem Herrn alles aus. Da wurde der Herr des Hauses zornig und sagte seinem Diener: ‚Geh schleunigst auf die Straßen und Gassen der Stadt und bringe die Bettler, Blinden und Lahmen hier herein.‘ Der Diener kam zurück und meldete: ‚Herr, was du befohlen hast, ist geschehen; aber noch ist Platz da.‘ Da sagte der Herr zum Diener: ‚Geh hinaus bis an die Wege und Zäune und dränge sie hereinzukommen, damit mein Haus voll werde.‘ – Ich sage euch aber: Von denen, die geladen waren, wird nicht einer von meinem Mahle essen!“

Auf dem Wege nach Jerusalem nahm Jesus die zwölf Jünger beiseite und sagte unterwegs zu ihnen: „Seht, wir gehen nach Jerusalem, und die Hohenpriester und Schriftgelehrten werden mich ausliefern; die werden mich zum Tode verurteilen und den Heiden ausliefern zum Spott, zur Geißelung und zur Kreuzigung. Am dritten Tage aber werde ich auferstehen."

Als er in die Nähe von Jerusalem kam, brachten zwei Jünger eine Eselin mit ihrem Füllen und setzten Jesus darauf. Viele Leute breiteten ihre Kleider auf den Weg; andere hieben Zweige von den Bäumen und streuten sie auf den Weg. Die Scharen aber, die vorauszogen und nachfolgten, riefen: „Hochgelobt sei, der da kommt im Namen des Herrn!"

Da versammelten sich die Hohenpriester, Schriftgelehrten und Ältesten des Volkes. Sie berieten miteinander, wie sie mit List Jesus ergreifen und töten könnten. Da kam einer von den Zwölfen mit Namen Judas zu den Hohenpriestern und sagte: „Was wollt ihr mir geben, wenn ich euch Jesus verrate?" Sie boten ihm dreißig Silberlinge. Von da an wartete er auf eine gute Gelegenheit, Jesus zu verraten.

In der Nacht, in der Jesus verraten wurde, nahm er Brot, segnete und brach es, gab es seinen Jüngern und sprach: „Nehmt und eßt! Das ist mein Leib, der für euch dahingegeben wird." Und er nahm den Kelch, dankte und gab ihn seinen Jüngern und sprach: „Trinket alle daraus! Das ist mein Blut, das Blut des neuen Bundes, das für euch und für viele vergossen wird zur Vergebung der Sünden. Tut dies zu meinem Andenken!" Dann sprachen sie das Lobgebet und gingen an den Ölberg.

Da kam Jesus mit ihnen zu einem Garten, und er sagte zu
den Jüngern: „Setzet euch hier, während ich dorthin
gehe und bete!" Und er nahm Petrus, Jakobus und
Johannes mit. Dann fing er an zu zittern und zu zagen. Und er
sprach zu ihnen: „Meine Seele ist betrübt bis zum Tode. Bleibet
hier und wachet mit mir!" Dann ging er ein wenig weiter,
kniete nieder und betete: „Vater, wenn du willst, nimm diesen

Kelch von mir! Doch nicht mein, sondern dein Wille geschehe!"
Da erschien ihm ein Engel vom Himmel und stärkte ihn. Als
ihn Todesangst überfiel, betete er noch inständiger, und sein
Schweiß wurde wie Blutstropfen, die zur Erde rannen. Dann
kam er zu seinen Jüngern zurück. Sie waren vor Traurigkeit
eingeschlafen. Jesus sprach: „Steht auf und laßt uns gehen!
Seht, mein Verräter ist nahe!"

Als Jesus noch redete, kam Judas mit einer Rotte, die Schwerter
und Knüppel trug. Sie waren von den Hohenpriestern und den
Ältesten des Volkes geschickt. Der Verräter hatte ihnen gesagt:
„Den ich küssen werde, der ist es. Den müßt ihr festnehmen!"
Sofort ging er zu Jesus hin und sagte: „Sei gegrüßt, Meister!"
Und er küßte ihn. Jesus aber sprach zu ihm: „Freund, wozu
bist du gekommen?" Da kamen die anderen herbei und nahmen
ihn gefangen. Die Jünger aber verließen ihn alle und flohen.

Die Rotte brachte Jesus zum Hohenpriester. Viele falsche Zeugen sagten gegen Jesus aus, doch was sie sagten, stimmte nicht. Da erhob sich der Hohepriester und fragte Jesus: „Bist du Christus, der Sohn Gottes?" Jesus erwiderte ihm: „Ja, ich bin es." Der Hohepriester sagte: „Er hat Gott gelästert! Was brauchen wir noch Zeugen? Was meint ihr?" Und alle riefen: „Er ist des Todes schuldig!"

76

obald es Tag geworden war, führten sie Jesus gebunden zu Pilatus. Dieser wollte Jesus freilassen, doch die Juden schrien: „Kreuzige, kreuzige ihn!" Da sagte Pilatus zu ihnen: „Was hat er denn Böses getan? Ich finde keine Schuld an ihm. Ich will ihn geißeln lassen und dann freigeben." Das ganze Volk aber rief: „Sein Blut komme über uns und unsere Kinder!" Und Pilatus gab sein Urteil, wie sie es wollten.

Da ließ Pilatus Jesus geißeln. Die Soldaten legten Jesus einen roten Mantel um. Sie flochten aus Dornen eine Krone und setzten sie ihm aufs Haupt. Sie gaben ihm einen Stock in die rechte Hand. Darauf beugten sie das Knie vor ihm und verhöhnten ihn. Sie sprachen: „Sei gegrüßt, König der Juden!" Dann spien sie ihn an, nahmen den Stock und schlugen ihm damit aufs Haupt.

Als sie Jesus verspottet hatten, nahmen sie ihm den Purpurmantel ab und zogen ihm wieder seine Kleider an. Dann führten sie Jesus hinaus, um ihn zu kreuzigen. Er trug selbst sein Kreuz. Unterwegs aber ergriffen sie einen Mann mit Namen Simon, der vom Felde kam; ihm luden sie das Kreuz auf und zwangen ihn, es Jesus nachzutragen. Viele Leute gingen hinter ihm her und viele Frauen, die ihn beklagten und beweinten.

Als sie an den Ort gekommen waren, der Golgotha oder Schädelstätte heißt, kreuzigten sie ihn und zugleich noch zwei Räuber, den einen zu seiner Rechten, den anderen zu seiner Linken. Jesus aber betete: „Vater, verzeih ihnen; denn sie wissen nicht, was sie tun!" Die Soldaten losten um die Kleider Jesu und verteilten sie unter sich. Jesus sprach: „Mich dürstet!" Da lief einer der Soldaten hin und füllte einen Schwamm mit Essig. Er steckte den Schwamm auf einen Stock und hielt ihn Jesus an den Mund. Als Jesus den Essig genommen hatte, sprach er: „Es ist vollbracht!" Dann neigte er sein Haupt und starb. Und siehe, der Vorhang im Tempel zerriß; Felsen spalteten sich; Gräber taten sich auf, und viele Tote wurden auferweckt. Der Hauptmann und seine Soldaten, die Jesus bewachten, fürchteten sich sehr und sprachen: „Wahrlich, dieser Mensch war Gottes Sohn!"

Am Abend nahmen Joseph von Arimathäa und Nikodemus den Leichnam Jesu vom Kreuze ab. Sie wickelten ihn in reines Leinen und legten ihn in ein neues Grab. Dieses war in einen Felsen gehauen. Vor den Eingang des Grabes wälzten sie einen großen Stein. Die Juden stellten Wächter an das Grab und versiegelten den Stein.

„Christus ist gestorben
für unsere Sünden gemäß
der Schrift und wurde be-
graben; und er wurde auf-
erweckt am dritten Tage
gemäß der Schrift; er er-
schien dem Petrus, dann
den Zwölfen."

ls der Sabbat zu Ende war und es wieder Tag werden wollte, siehe, da entstand ein großes Erdbeben. Ein Engel des Herrn stieg vom Himmel nieder. Er wälzte den Stein vom Grabe weg und setzte sich darauf. Sein Aussehen war wie der Blitz, sein Gewand war weiß wie Schnee. Aus Furcht vor ihm erbebten die Wächter und wurden wie tot.

Am frühen Morgen dieses ersten Wochentages gingen Frauen zum Grabe. Sie wollten den Leichnam Jesu salben; sie sagten zueinander: „Wer wird uns den Stein vom Eingang des Grabes wälzen?" Als sie hinkamen, sahen sie, daß der Stein weggewälzt war; er war sehr groß. Sie gingen in das Grab hinein, sahen den Engel und erschraken. Er aber sprach zu ihnen: „Erschrecket nicht! Ihr sucht Jesus von Nazareth, den Gekreuzigten. Er ist auferstanden; er ist nicht hier. Seht da die Stelle, wohin man ihn gelegt hatte. Geht hin, sagt es seinen Jüngern und dem Petrus."

Am Abend dieses ersten Tages hatten die Jünger aus Furcht vor den Juden die Türen verschlossen. Da kam Jesus, trat in ihre Mitte und sprach zu ihnen: „Friede sei mit euch!" Nach diesen Worten zeigte er ihnen seine Hände, seine Füße und seine Seite. Da freuten sich die Jünger, daß sie den Herrn sahen. Thomas, einer von den Zwölfen, war nicht dabei, als Jesus kam. Da sagten ihm die anderen Jünger: „Wir haben den Herrn gesehen." Thomas aber wollte ihnen nicht glauben.- Nach acht Tagen waren die Jünger wieder beisammen, und Thomas war dabei. Da kam Jesus bei verschlossenen Türen, trat in ihre Mitte und sprach: „Friede sei mit euch!" Dann sagte er zu Thomas: „Reiche deinen Finger her und siehe meine Hände; reiche deine Hand her und lege sie in meine Seite und sei nicht ungläubig, sondern gläubig." Da antwortete Thomas und sprach zu ihm: „Mein Herr und mein Gott!" Jesus sagte ihm: „Weil du mich gesehen hast, hast du geglaubt. Selig sind, die nicht sehen und doch glauben."

Dann gingen die Jünger auf einen Berg, wohin sie Jesus be-
stellt hatte. Als sie ihn sahen, fielen sie auf die Knie. Jesus
trat zu ihnen und sprach: „Geht hin und macht alle Völker
zu Jüngern und taufet sie im Namen des Vaters und des Sohnes
und des Heiligen Geistes und lehret sie alles, was ich euch gesagt
habe! Und seht, ich bin bei euch alle Tage bis ans Ende der Welt."

Vierzig Tage hindurch erschien Jesus oft seinen Jüngern und sprach mit ihnen vom Reiche Gottes. Zuletzt sagte er ihnen: „Ihr werdet die Kraft des Heiligen Geistes empfangen und sollt von mir Zeugnis geben bis an die Grenzen der Erde." Als er das gesagt hatte, wurde er vor ihren Augen emporgehoben, und eine Wolke nahm ihn vor ihren Augen hinweg. Die Apostel schauten ihm nach, wie er in den Himmel auffuhr. Und siehe, da standen zwei Engel in weißen Gewändern bei ihnen; sie sprachen: „Was steht ihr da und schaut zum Himmel? Jesus ist von euch weg in den Himmel aufgenommen worden. Er wird ebenso wiederkommen, wie ihr ihn jetzt habt auffahren gesehen." Da kehrten die Apostel mit großer Freude nach Jerusalem zurück.

Als das **Pfingstfest** der Juden kam, waren alle Apostel zusammen zum Gebete mit Maria, der Mutter Jesu. Da entstand plötzlich vom Himmel her ein Brausen wie bei einem starken Sturmwind und erfüllte das ganze Haus, in dem sie waren. Es erschienen Zungen wie von Feuer und ließen sich auf jeden von ihnen nieder. Alle wurden vom Heiligen Geiste erfüllt. Sie fingen an, in fremden Sprachen zu reden.

Als das Brausen sich erhob, kamen viele Leute vor dem Hause zusammen, wo die Apostel waren. Da trat Petrus auf und sprach: „Ihr Männer von Israel! Ihr habt Jesus von Nazareth ans Kreuz geschlagen. Er aber ist von den Toten auferstanden und in den Himmel aufgefahren. Jetzt hat er den Heiligen Geist gesandt." Als die Leute das hörten, fragten sie Petrus und die übrigen Apostel: „Brüder, was sollen wir tun?" Petrus sprach zu ihnen: „Tut Buße und laßt euch taufen, damit euch eure Sünden vergeben werden! Dann werdet auch ihr den Heiligen Geist empfangen." Die sein Wort annahmen, ungefähr drei-tausend, ließen sich taufen.

D ie Apostel zogen aus und predigten überall. Der Herr wirkte dabei mit; er bekräftigte ihr Wort mit Wunderzeichen.

Am Ende der Welt, wenn Jesus wiederkommt, wird er sich auf den Thron seiner Herrlichkeit setzen und alle Völker vor sich versammeln. Und er wird sie voneinander scheiden, die einen zur Rechten, die anderen zur Linken. Dann wird er zu denen auf der rechten Seite sagen: „Kommt, ihr Gesegneten meines Vaters! Nehmt das Reich in Besitz, das euch bereitet ist seit Erschaffung der Welt. Wahrlich, ich sage euch: Was ihr für den Armseligsten meiner Brüder getan habt, das habt ihr für mich getan!" Dann wird er zu denen auf der linken Seite sagen: „Weichet von mir, ihr Verfluchten, in das ewige Feuer, das dem Teufel und allen, die ihm anhängen, bereitet ist. Wahrlich, ich sage euch: Was ihr für den Armseligsten meiner Brüder nicht getan habt, das habt ihr für mich nicht getan!" Die Bösen werden in die ewige Strafe gehen, die Guten aber ins ewige Leben.

ALTES TESTAMENT

Von den guten Taten Gottes und vom bösen Eigensinn der Menschen

Wie Gott das Volk Israel zum Volke des Heiles erwählt hat

Noch vielerlei geschah am Volke Israel. Es wurde von mächtigen Feinden unterworfen und in die Gefangenschaft geführt. Gott sandte Propheten zu den Israeliten, um sie im wahren Glauben zu erhalten und ihnen die Erlösung zu verheißen.

NEUES TESTAMENT

Wie Gott Mensch wurde und zu uns kam

Wie Jesus Christus alles gut gemacht hat

Was Jesus Christus für uns gesagt hat

Wie Jesus Christus uns durch Tod und Auferstehung das ewige Leben erworben hat